LUCH AN STÈISEIN
MEG McLAREN
acair
CLÒ MÒR Earr.
LNN
SIUBHAL
CAOBAG DHEN T-SAOGHAL
GU RUIGE
ALBA

A' chiad fhoillseachadh sa Bheurla 2018 Le Andersen Press Earr. Vauxhall Bridge, Lunnainn, SW1V 2SA
Foillseachadh an eagrain seo 2019.

1 3 5 7 9 10 8 6 4 2

info@acairbooks.com
www.acairbooks.com

An tionndadh Gàidhlig Johan Nic a' Ghobhainn.
An dealbhachadh sa Ghàidhlig Mairead Anna NicLeòid

Tha Acair a' faighinn taic bho Bhòrd na Gàidhlig.

Gheibhear clàr catalog CIP airson an leabhair seo

ann an Leabharlann Bhreatainn.

Clò-bhuailte ann an Sìona

LAGE/ISBN 978-1-78907-041-5

Riaghladair Carthannas
na h-Alba

Carthannas Clàraichte/
Registered Charity SC047866

Chaidh a ràdh ri Murdaidh fuireach air falach.

RIAGHAILT 1: BU CHÒIR NACH FHAICEAR LUCH AN STÈISEIN.

B' e sin a' chiad riaghailt ann an Leabhar-iùil nan Luch.
Agus bu chaomh le Murdaidh a bhith a' leantainn nan riaghailtean.

Air feadh na h-oidhche, nuair a bha an stèisean falamh, bha e an urra ri Murdaidh a h-uile rùd a chaidh fhàgail tron latha a chruinneachadh.

Ach, uaireannan, bhiodh cuideachadh a dhìth air.

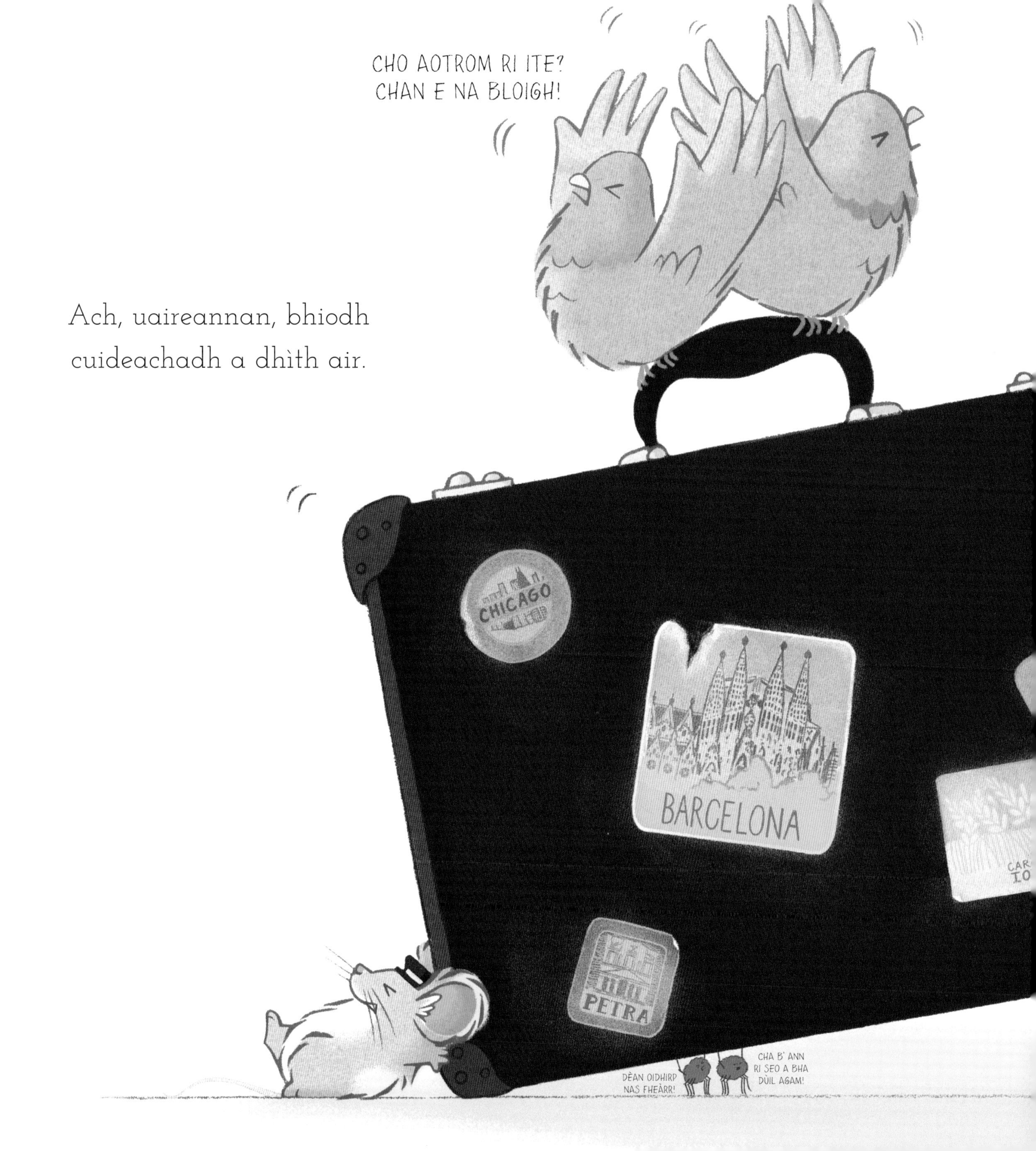

Chaidleadh e an uair sin a-staigh sa mhadainn oir:

RIAGHAILT 2: CHAN EIL CÒIR AIG LUCH AN STÈISEIN A DHOL A-MACH TRON LATHA.

Tha an stèisean glè thrang an uair sin.
Bidh luchd-siubhail daonnan ann an cabhaig is
aca ri breith air trèanaichean.

Faodaidh beatha luch an stèisein
a bhith aonranach.

Le sin, bu chaomh le Murdaidh
e fhèin a chumail trang.

Nuair a bhiodh cùisean sàmhach,
bhiodh e a' cur iongnadh air dè
bu choireach nach robh daoine
a' tilleadh airson an stuth a
chaill iad.

'S dòcha dìreach nach robh
iad gan iarraidh?

Ach dè ma bha e ceàrr? 'S dòcha gun robh iad gan ionndrainn ach nach b' urrainn do Mhurdaidh càil a dhèanamh airson an cuideachadh?

Cuimhnich air an riaghailt
as cudromaiche agus an tè
nach b' urrainn dha briseadh:

RIAGHAILT 3:
CHAN EIL CÒIR AIG
LUCH AN STÈISEIN A
DHOL AIR ÀRAINN
LUCHD-SIUBHAIL.

Chan eil idir.

Nise, tha adhbhar airson gu bheil na riaghailtean seo ann ...

BEN
THA SEO LE

ÀAAAA! LUCH!

Chan eil luchd-siubhail dèidheil air luchain.

Airson a bhith sàbhailte, dh'fheumadh Murdaidh fuireach air falach.

Chan eil luchain agus luchd-siubhail a' faighinn
air adhart math còmhla.
B' e sin a dh'inns an leabhar-iùil dha.

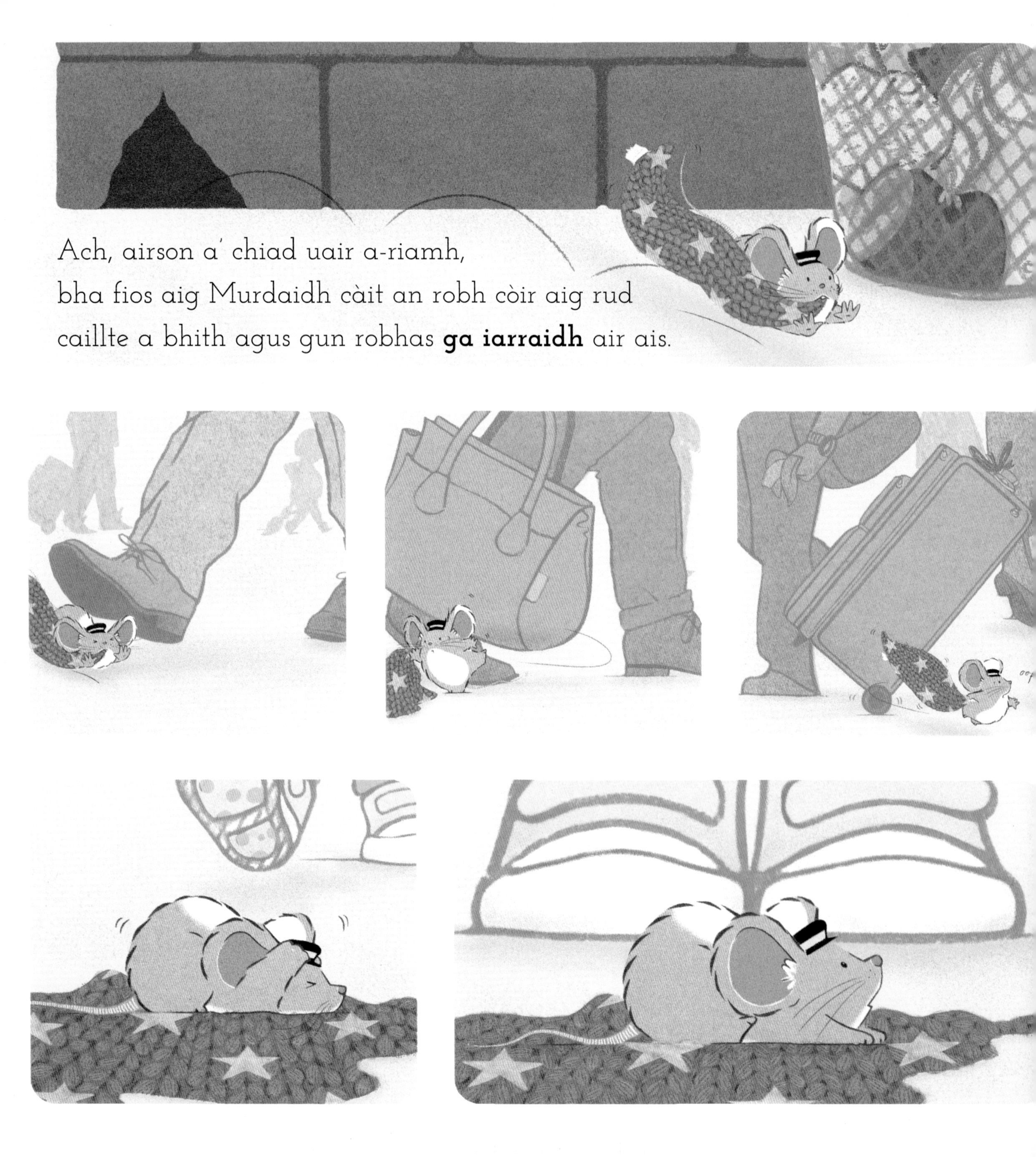

Ach, airson a' chiad uair a-riamh,
bha fios aig Murdaidh càit an robh còir aig rud
caillte a bhith agus gun robhas **ga iarraidh** air ais.

DÈ AN TAOBH A CHAIDH E?

B' ann an uair sin a thuig e
nach eil rud caillte ach gus
an tèid lorg fhaighinn air.

B' e a thilleadh an rud a
b' fheàrr a dhèanamh.

Cha robh Murdaidh a-riamh
a' faireachdainn cho math.

Ach cha do sheas sin glè fhada.

An dèidh seo, cho-dhùin Murdaidh gun gnothaich a ghabhail ri duine beò.

Bha na riaghailtean ann airson a dhìon.

Tha sin gar toirt chun a' cheathraimh riaghailt:

Àaaaa...

AN CLAG
RIAGHAILT 4:
MA CHLUINNEAS TU AN CLAG, SLAOD AN RÒPA AGUS TILL GUD OBAIR.
DEALBH 1
DEALBH 2
DEALBH 3
SLAOD AN RÒPA
GLACAIDH SEO AIRE
OIFIGEAR AN STÈISEIN

Mmmm...

Chan eil còir aig
luch an stèisein ...

uair sam bith ...

an clag a fhreagairt.

Gabh mo leisgeul,
ach tha mi den bheachd
gun thuit d' ad.

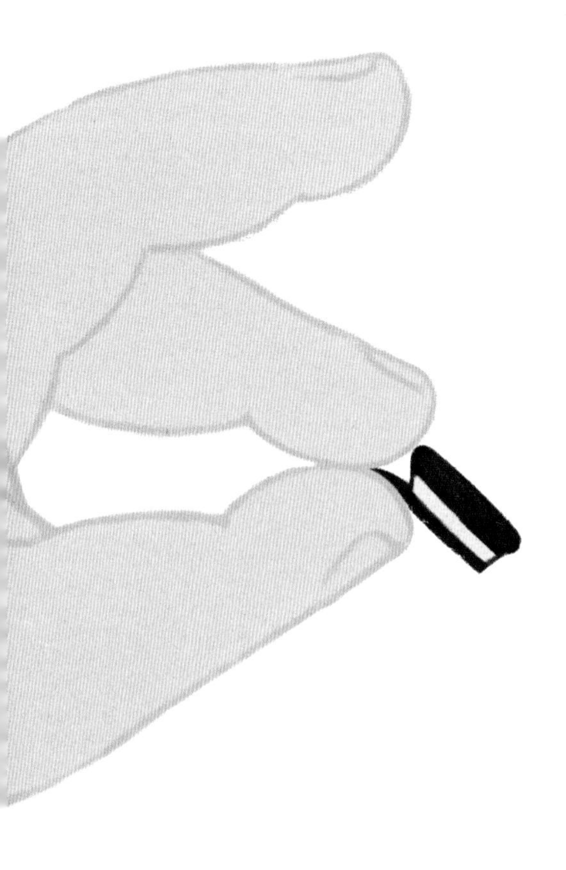

An dùil an e seo àm math
airson riaghailt ùr,
smaoinich Murdaidh.

Oir, bha cuid de luchd-siubhail a bha **dèidheil** air luchain.
Agus càch?
Uill, cha robh iadsan air eòlas a chur air fhathast.

LEICESTER
BRÙTH AIRSON SEIRBHEIS
STUTH CAILLTE

Ach, bha sin a' dol a dh'atharrachadh.